Mapas y globos terráqueos

Dona Herweck Rice

Asesora

Mabel Huddleston
Distrito Escolar Unificado de Tustin

Créditos de publicación

Rachelle Cracchiolo, M.S.Ed., *Editora comercial*
Conni Medina, M.A.Ed., *Gerente editorial*
Emily R. Smith, M.A.Ed., *Realizadora de la serie*
June Kikuchi, *Directora de contenido*
Caroline Gasca, M.S.Ed, *Editora superior*
Susan Daddis, M.A.Ed., *Editora*
Sam Morales, M.A., *Editor asociado*
Courtney Roberson, *Diseñadora gráfica superior*
Jill Malcolm, *Diseñadora gráfica básica*

Créditos de imágenes: pág.20 Samantha Kenney; todas las demás imágenes de iStock y/o Shutterstock.

Library of Congress Cataloging-in-Publication Data

Names: Rice, Dona, author.
Title: Mapas y globos terraqueos / Dona Herweck Rice.
Other titles: Maps and globes. Spanish
Description: Huntington Beach, California : Teacher Created Materials, 2018.
| Identifiers: LCCN 2018022145 (print) | LCCN 2018031019 (ebook) | ISBN 9781642901252 (ebook) | ISBN 9781642901092 (pbk.)
Subjects: LCSH: Maps--Juvenile literature. | Globes--Juvenile literature.
Classification: LCC GA105.6 (ebook) | LCC GA105.6 .R5318 2018 (print) | DDC
 912--dc23
LC record available at https://lccn.loc.gov/2018022145

Teacher Created Materials
5301 Oceanus Drive
Huntington Beach, CA 92649-1030
www.tcmpub.com
ISBN 978-1-6429-0109-2
© 2019 Teacher Created Materials, Inc.
Printed in China
Nordica.092018.CA21801136

Contenido

Fairburn Rd SW

How

El mundo en tus manos

¡Sé un **explorador**! Cualquier persona puede explorar con un mapa en la mano. Los mapas y los globos terráqueos muestran adónde vas y dónde has estado. Si sabes leer un mapa, ¡el mundo está en tus manos!

globo terráqueo

4

En el mapa

La palabra América se usó por primera vez en un mapa en 1507. Ese mapa existe todavía. ¡Vale mucho dinero!

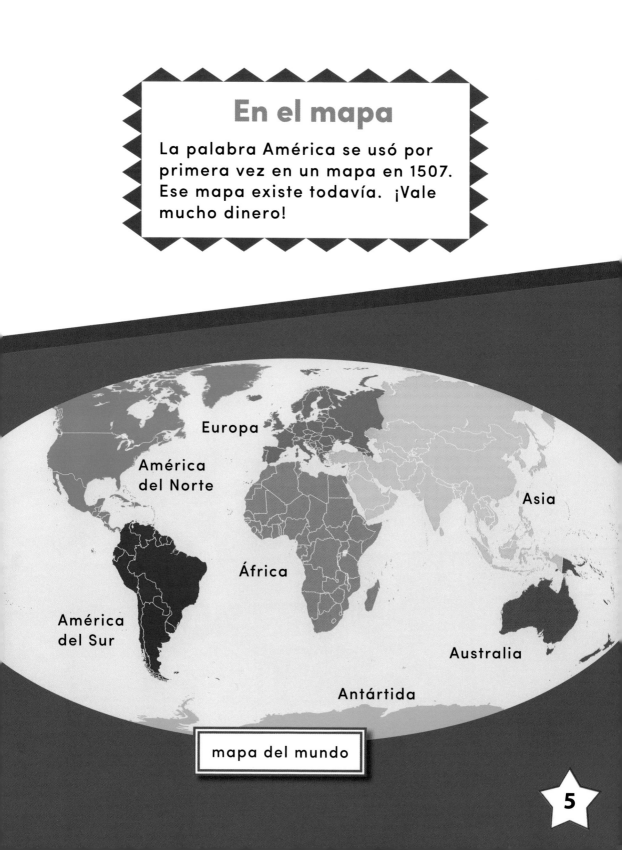

Europa

América del Norte

Asia

África

América del Sur

Australia

Antártida

mapa del mundo

Tu vecindario

El mundo es un lugar muy grande, y tu **vecindario** es una pequeña parte de él. Es donde vives. Es el lugar que conoces mejor. Conoces tu calle. En tu vecindario también puede haber un parque o un área de juegos infantiles.

Esta foto muestra Los Ángeles.

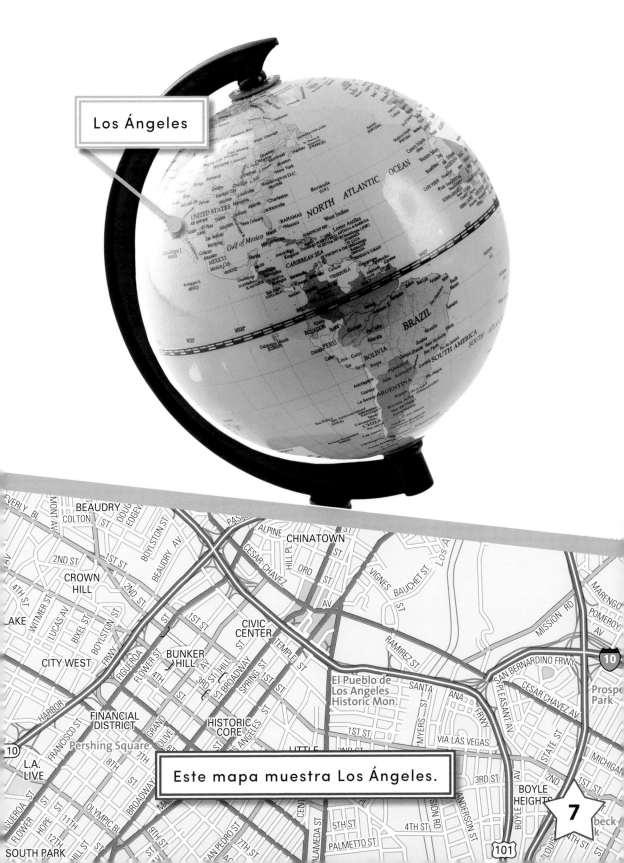

Los Ángeles

Este mapa muestra Los Ángeles.

Tu vecindario está en tu comunidad. Las tiendas y tu escuela también pueden estar allí. Una estación de bomberos puede estar cerca. Puede haber una oficina de correos también. Un mapa te puede ayudar a encontrar estos lugares.

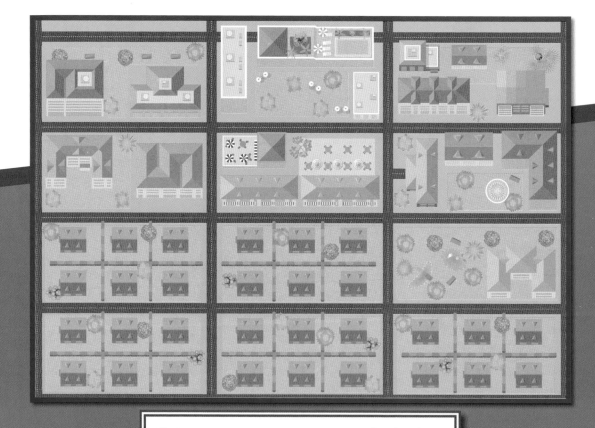

Este mapa muestra un vecindario.

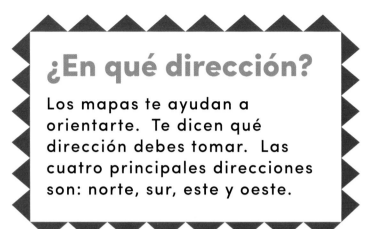

¿En qué dirección?

Los mapas te ayudan a orientarte. Te dicen qué dirección debes tomar. Las cuatro principales direcciones son: norte, sur, este y oeste.

rosa de los vientos

Un mapa muestra dónde encontrar los lugares de tu comunidad. Muestra cómo ir en coche o a pie a cada lugar. Aprende a leer un mapa para planear tu **ruta**. Puede haber más de una ruta hasta el lugar adonde quieres ir. El mapa te lo mostrará.

Este mapa muestra dos rutas desde esta casa hasta la biblioteca.

Tu estado, tu país y el mundo

Tu comunidad es una de las muchas que hay en tu estado. Todas las ciudades y los pueblos se muestran en un mapa del estado. Un mapa del estado también muestra ríos y lagos. Muestra carreteras y autopistas.

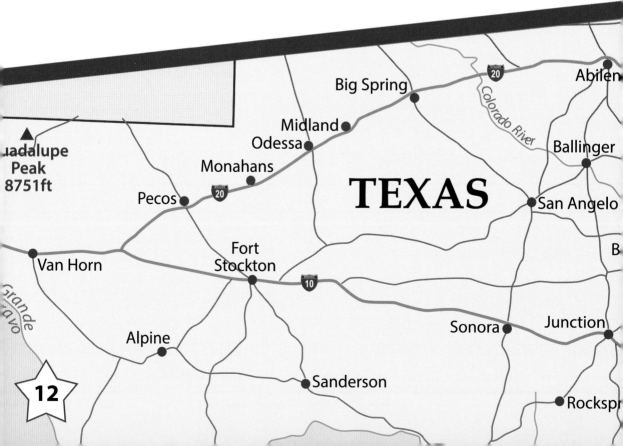

¿Qué significa?

En los mapas se usan símbolos y colores para explicar cosas. Para mostrar las capitales se usan estrellas. Los lagos y los ríos son azules. Las montañas a menudo son marrones.

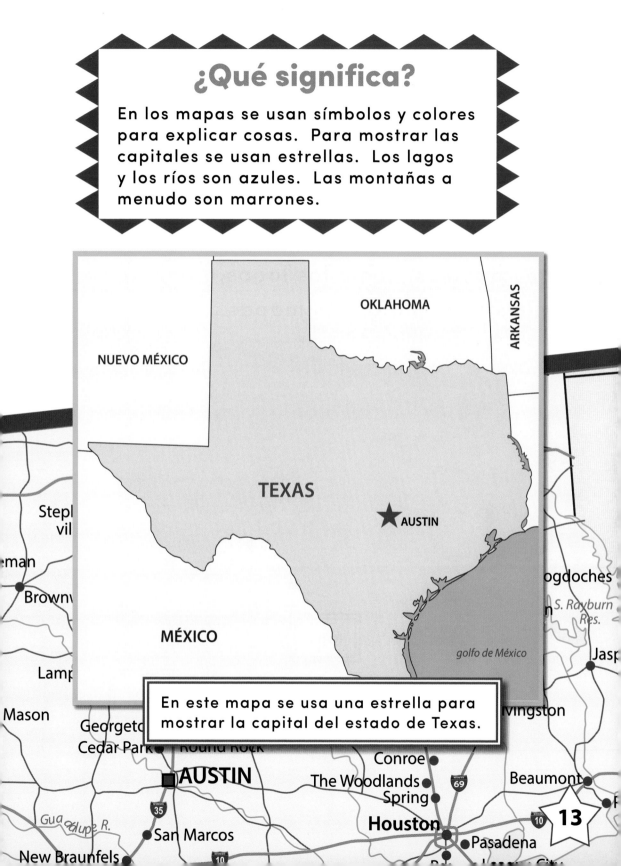

En este mapa se usa una estrella para mostrar la capital del estado de Texas.

Tu estado es uno de los muchos que hay en Estados Unidos de América, que es un país. Los mapas de tu país muestran cada estado. Marcan las **fronteras**. Muestran las grandes ciudades. Las montañas están en los mapas. Otros **accidentes geográficos**, como los lagos, también se muestran en algunos mapas.

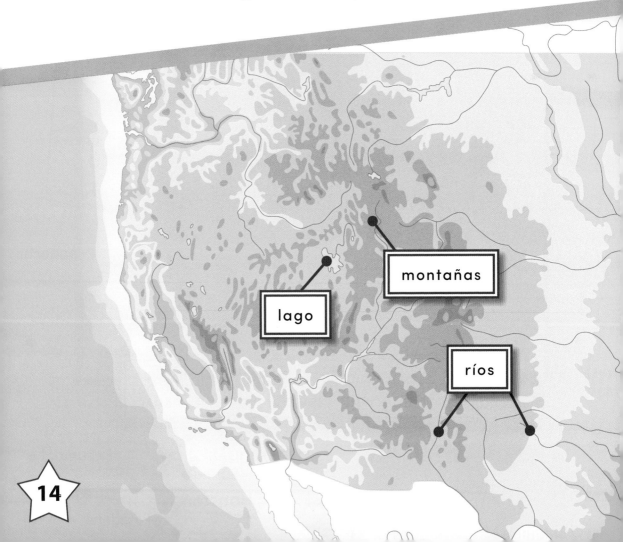

lago

montañas

ríos

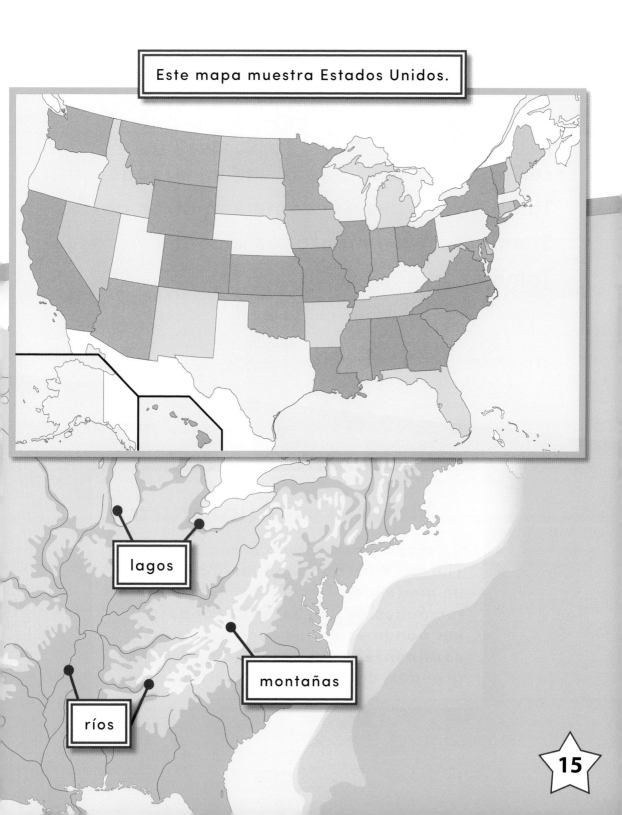

Este mapa muestra Estados Unidos.

lagos

ríos

montañas

Cada país se puede encontrar también en un globo terráqueo. Un globo terráqueo muestra dónde está un país en el mundo. Puedes ver lo que rodea a tu país. Pueden ser otros países. Puede ser un océano. También puedes ver cómo son otros países. Si un país tiene montañas, puedes verlas. También puedes ver desiertos.

Modelo en miniatura

Un mapa es un dibujo plano de la Tierra. Pero un globo terráqueo es un modelo en 3D de ella. Un globo terráqueo es una **esfera**. Puedes ver dónde están los océanos y los **continentes**. Puedes ver cómo son de grandes, comparados unos con otros.

Un globo terráqueo muestra la forma de la Tierra.

¡Ve el mundo!

Con un mapa y con un globo terráqueo puedes explorar nuevos lugares. Ellos te muestran adónde ir. Te muestran qué esperar una vez que llegas allí.

Con un mapa en la mano, ¡estás listo para ver el mundo!

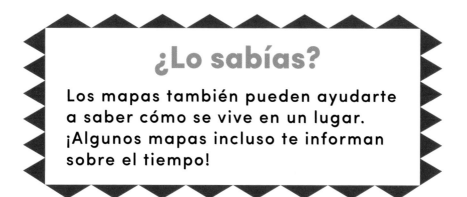

¿Lo sabías?

Los mapas también pueden ayudarte a saber cómo se vive en un lugar. ¡Algunos mapas incluso te informan sobre el tiempo!

¡Haz un mapa!

Haz un mapa de una habitación de tu casa o de tu escuela. Dibuja el mapa como si estuvieras mirando la habitación desde arriba. Muestra las paredes, las ventanas y las puertas.

Dale el mapa terminado a un amigo. ¿Puede adivinar tu amigo qué muestra el mapa?

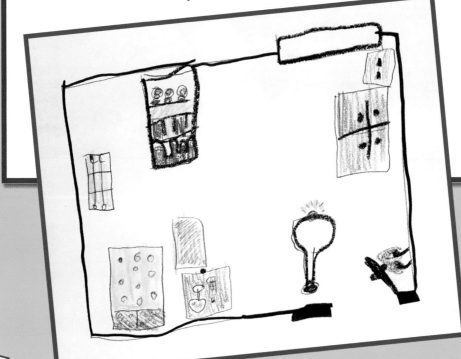

Glosario

accidentes geográficos: áreas naturales especiales o distintivas

continentes: grandes extensiones de terreno en la Tierra

esfera: una figura en 3D sólida y redonda

explorador: una persona que viaja a diferentes lugares y los estudia

fronteras: las líneas exteriores que separan un país o un estado

ruta: un camino que te lleva a algún lugar

vecindario: la zona justo alrededor de donde una persona vive

Índice

¡Tu turno!

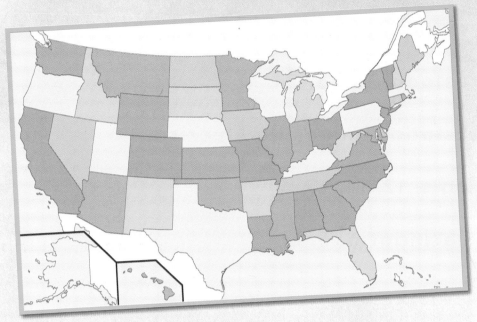

Identificar mi estado

Busca tu estado en el mapa. Mira los estados que están a su alrededor. Piensa en tres pistas sobre dónde está tu estado. Comparte tus pistas con un amigo. Comprueba si puede identificar tu estado.